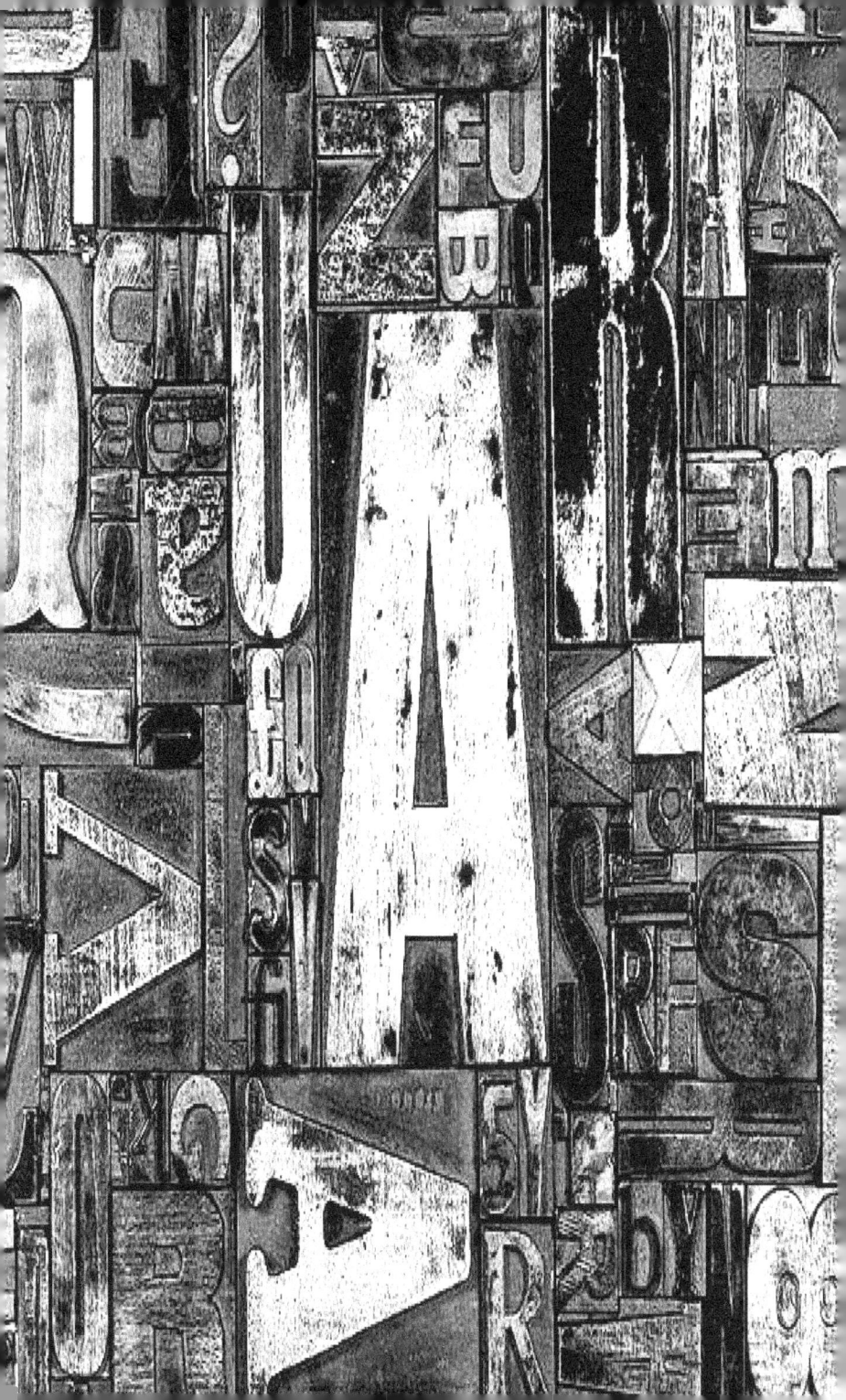

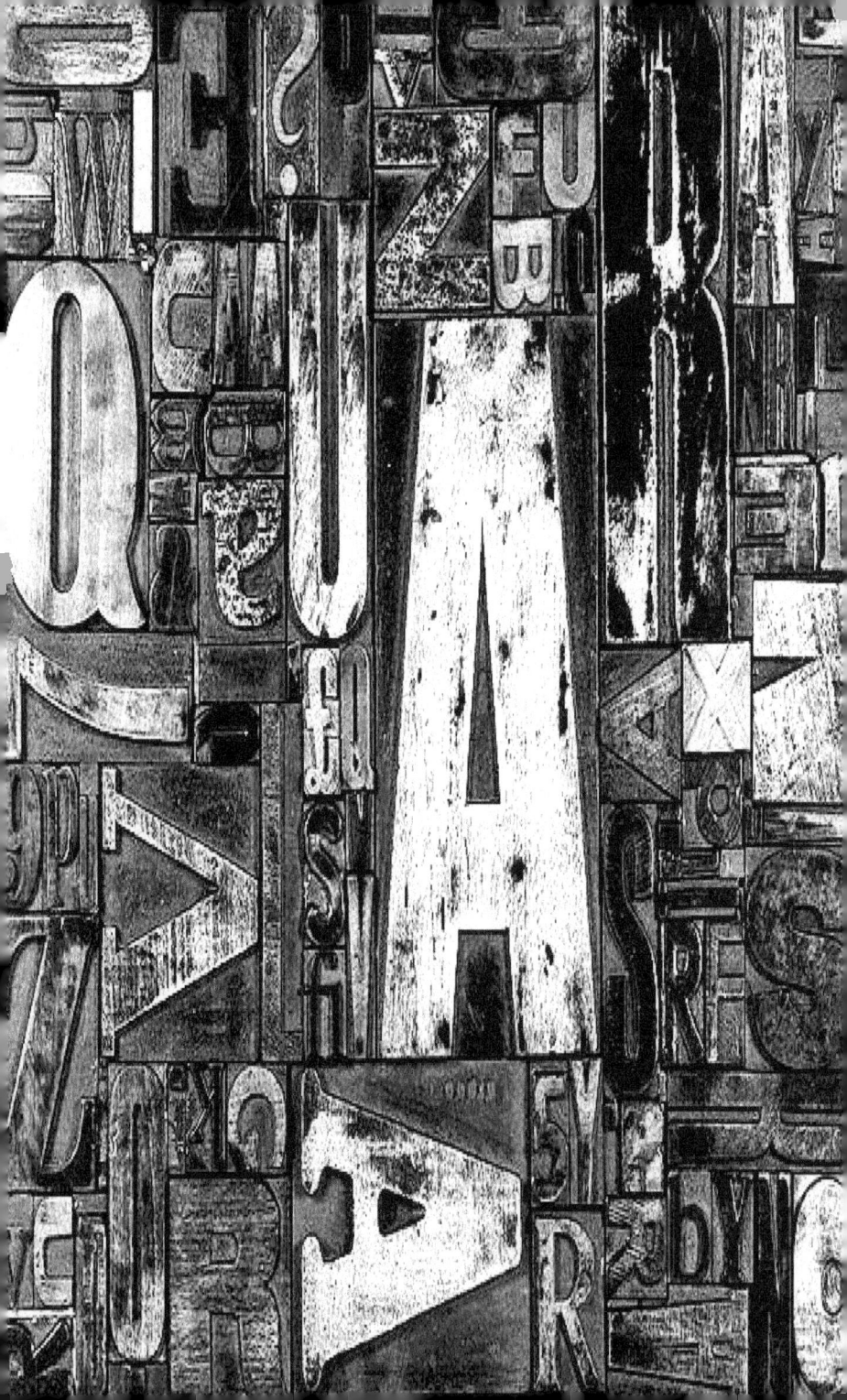

ABC-Ideario Heurístico

Antonio Blasini Gerena

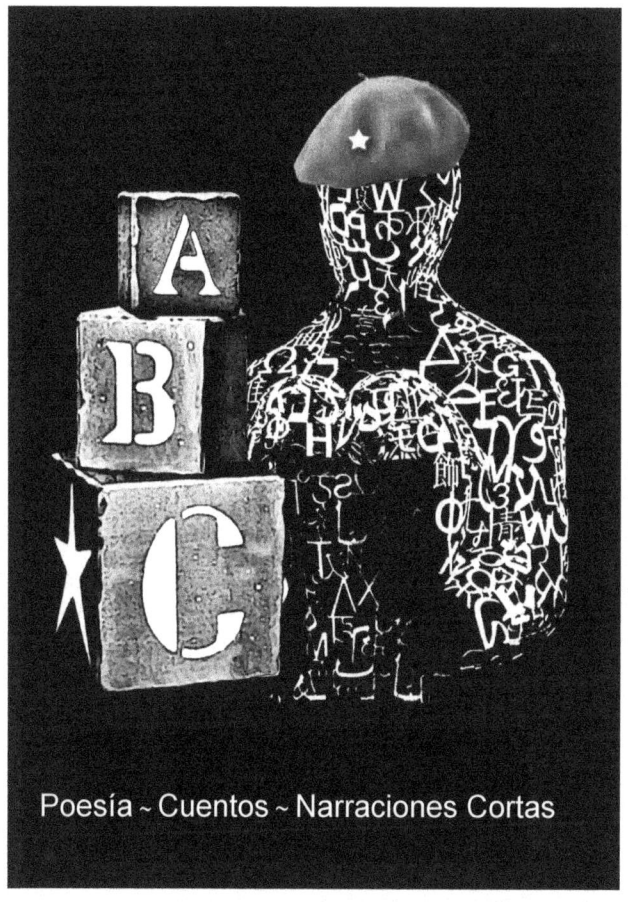

Poesía ~ Cuentos ~ Narraciones Cortas

ABC-Ideario Heurístico

Editorial Tiempo Nuevo

ABC-Ideario Heurístico
Primera edición en Puerto Rico: marzo de 2014

©2014 Antonio Blasini Gerena
® 2014 Antonio Blasini Gerena
Todos los derechos reservados según la ley.

©Editorial Tiempo Nuevo
PO Box 368065
San Juan Puerto Rico 00936-8065
www.editorialtiemponuevo.net
etiemponuevo@gmail.com

Queda rigurosamente prohibida, sin autorización escrita de los titulares del copyrights bajo las sanciones establecidas por las leyes, la reproducción total o parcial de esta obra por cualquier medio o procedimiento comprendidos, la reprografíam, el tratamiento informático, así como la distribución de ejemplares de la misma mediante alquiler o préstamo público.

ISBN: 978-0-9911704-8-7

Editor: José Luis Figueroa
Diseño de cubierta y montaje: Antonio Blasini Gerena
Foto de portada: Antón Dieva
Artes de ilustración (dominio público).

Hecho en Puerto Rico

*A todos los que cantan
para sobrevivir...*

*...a los que sobreviven
para cantar...*

Proemio

"*Las manos del sueño
siempre traen un sueño de la mano...*"

Joan Manuel Serrat

Proemio

La literatura que encontrará en este cuaderno, amigo lector, trata de un minucioso y complejo ejercicio literario, novel y experimental, donde el autor formula sobre su narrativa, un diseño estructural construido puramente con articulaciones fonéticas.

Su iniciativa parte de aquella experiencia fundamental que obtuvo de infancia con aquellos símbolos que estaban escritos en su primordial "Cartilla Fonética"; juego de letras y palabras que le dio la fórmula para construir con datos precisos, su novedosa propuesta literaria.

De ese tesoro de recuerdos desarrolló una literatura de desconocido patrón y estructura estética, reforzándola con un riguroso hermetismo diseñado para fortalecer las musicalidades líricas en su lenguaje poético, a la vez que serviría de soporte a las vibrantes sonoridades a lograr en su experimento fonético; experimento en el cual logra además, como por combustión espontánea y con suma naturalidad, que se añadan casi por sí solos, ornamentos rítmicos y melódicos a su narrativa, particularmente notables en el fenómeno poético del verso libre.

Notarán que para construir sus obras, el autor escoge como herramienta maestra, una por una, cada una de las 29 letras del abecedario, con las que estructura de forma individual, cada género que incursiona; letra con la cual y desde la cual escribe básicamente casi todas las palabras que le dan forma y distintivo narrativo a cada una de las 29 obras que componen su **ABC-Ideario Heurístico**.

Inevitablemente sabe el autor que debe contar con otros recursos del idioma para sustentar el sentido y la razón dentro del contenido de la Idea. Para ello, su *Regla de Oro* especificaba que podría utilizar casi o exclusivamente, partículas de la oración (hasta donde le fuese posible o su libre albedrío así lo quisiese), a saber, pronombres, artículos, preposiciones, conjunciones, interjecciones...

Según el autor, esta "*Regla*" aplicaría sólo para las obras a realizarse con letras que poseen un extenso caudal de palabras construidas a partir de las mismas, como lo es, entre otras, la letra **A**. He aquí este ejemplo demostrado en un brevísimo extracto del poema "El Albatros":

"Se alza sobre la albura de la acuarela añil,
aleteando su abanico en el asta de las alturas arcanas
abandonando con su adiós
al altísimo alcázar del abismal acantilado,
en aplacible acto que asombra al arrojo del arte..."

Hubo letras que le ofrecieron mayor dificultad debido a los pocos recursos que éstas poseen, o sea, al poco número de palabras construidas de principio a partir de letras como lo son la CH, K, LL, Ñ, W, X, entre otras. Para componer con estas grandes limitaciones, el autor, en muy pocos y necesarios casos, se permitió a sí mismo usar todos los componentes del idioma para completar las obras.

Mas no sólo fue el utilizar ese recurso lo que le resolvió totalmente el problema de logística para lograr la composición. Resultó que al intervenir con estas minusválidas, casi uníparas letras, las mismas le cayeron como anillo al dedo al autor para diseñar individualmente cada caso, cada formato y género literario donde poder aplicar estructuradamente su ejercicio fonético. Vean lo que explico en un breve extracto de obra realizada con la letra **K**:

"- Soldados, ¿qué se traen, qué llevan en esos cajones? -

- Un botín de guerra: cámaras Kodak confiscadas, el telescopio original de Kepler, el kinetoscopio y el kinetófono de Alva Edison, rollos de películas de horror de Boris Karloff, óleos de Klimt, lienzos abstractos de Kandinsky y libros y más libros: poesía de Kundera, Karlfeldt y Kitts, filosofía de Krause, Kierkegaard, de Karl Marx y de Kant, literatura de Kafka, Kempis, Kipling, Katayev... y otros de ciencia que explican sobre el termómetro Kelvin, sobre kilovatios, kilovoltios, kilociclos y kilotones; otros hablan del lenguaje kinésico, otros de religión, del Krisna y del karma... -"

Extracto de "Preguntas y respuestas vagas (II Guerra Mundial)"

Debo decir que este artista de la palabra, a pesar de someterse a tan exigente hermetismo estructural, desarrolló su narrativa con gran agilidad, fluidez y dominio en todos los géneros literarios que incursionó. En ellos hábilmente, con gran ingenio y sincera veraz entrega, logró plasmar paisajismos varios de bestiarios naturalistas, fantásticas historietas, así como coloridos cuentos modernistas, lecturas tragicómicas o perversas, eróticas y sensuales letras y hasta en ocasiones canciones y líricas adivinanzas.

Pero el más loable resultado que ha salido a luz de este taller fonético, ha sido, a mi entender, escuchar entre el emocionante contenido poético que encontramos, un lirismo extremamente musical, de inaudita eufonía, propiciado sólo por esa reiteración fonética, por esa repetición y juego de letras que le dan además una dinámica cadencia rítmica. Veamos este ejemplo con la letra **C**:

*"Cruza calmoso el cuerudo caimán
circunnavegando las corrientes castalias del canal
calando la calígine calorosa del cárdeno caño Caribe.*

*Cazador de consagrado cacumen, corpulento y cursi,
cauteloso campea por el cenagal con cariz calculador,
conducido calladamente por su cola
hacia un cardumen de carnuzas carpas y cojinúas,
allí, donde colmenean cumulados los cínifes
cimbrando la crin de las cañas, del crisantemo."*

(Fragmento de "El Caimán y la Catequista".)

Podemos decir que el autor logró su cometido: veintinueve composiciones, construidas cada cual con una de las veintinueve letras de nuestro abecedario español. Completó de la *A* a la *Z*, un ejercicio que hasta donde sepa, nunca nadie se había dado a tal esforzada y estructurada intentona, a tal rarísimo experimento, ideario heurístico.

En su afán por expresarse, por reinventarse, el autor se dio a la tarea de comenzar un nuevo y extraño ejercicio literario, sin datos previos o experiencias contingentes, sin saber cuáles serían las consecuencias, qué problemas particulares o empíricos iba a encontrarse durante el proceso creativo, sin saber cuál sería el producto final.

Todo apunta, a mi parecer, que el experimento le resultó ser uno agotador, de procesos sumamente complejos, procesos en los que según fue explorando, iba descubriendo nuevas ideas que le surgían para crear cada caso particular. Ideas que seguramente se separaban en ocasiones de lo voluntario. Ideas afortunadas, contradictorias, exactas, en muchos casos espléndidas, que le producían un estado de conmoción y excitación narrativa a la misma vez que le incitaban al ensayo de un nuevo experimento. Ideas y procesos donde verificaba y diseñaba nuevos y precisos esquemas y conceptos para la estructura narrativa, ajustándose a las diferentes vías que se le iban apareciendo para lograr la certidumbre.

Es preciso elogiar la extraordinaria capacidad descriptiva de este artista, quien con sus pinturas o películas, provoca las más diversas sensaciones táctiles y variadas gamas de recepciones auditivas, de colores, sabores y olores a través de sus densas imágenes que se suceden constantemente como en vendaval.

Y es que va creando en cada narrativa un mundo de misterio extático; un microcosmos lírico creado con exquisito estilo y relevante adjetivación iluminadora donde se ponen de manifiesto sobre el lienzo literario, metafórica, pictórica y musicalmente, los universales escenarios del macrocosmos.

En fin, es éste, a mi parecer, un ejercicio literario realizado por el puro placer del gozo estético del poeta; ejercicio que muy bien pudiese ser utilizado en las aulas como modelo que incite a los estudiantes a aumentar su vocabulario, a la vez que les promueve la inventiva para la composición y el amor por el vernáculo.

Un ensayo muy del poeta, personal, vindicador de algún oculto y desconocido, poético fervor inalcanzable.

Antón Dieva, diciembre de 2013.

Veintinueve letras
 con veintinueve
  motivos para cantar

*"Fausto sabe fábulas,
el mono menea la mano,
Pepe patea la pelota
y Dora me dio dos dulces..."*

*(tomado
de la Cartilla Fonética)*

 El Albatros

Se alza sobre la albura de la acuarela añil,
aleteando su abanico
en el asta de las alturas arcanas,
abandonando con su adiós
al altísimo alcázar del abismal acantilado,
en aplacible acto que asombra al arrojo del arte.

Se avienta afanoso
al amparo aromado del aire austral,
ascendiendo al altocúmulo
con el armonio abrazo que arpegian
las acuáticas aónides aplaceradas,
las que airosas y ápteras anidan con aticista afán
en los afables acordes argentados
de las álgidas antárticas arenas.

Allá, en el áurico arrebol del afelio abierto
el apóstol de la aeromancia
agotado se acurruca adormecido
en la alada almohada azulina del alunado atardecer,
en las acuatintas adamantinas del alma del airón
con abnegada aseidad, con la aérea atanasia
que abola su absoluta abstinencia de aterrizar.

Y por años y más años aletea y alea
con su armadura de alazos y alerones
hasta volverse antiguo,
aplaudido por una apócrifa
alabanza de alas.

El Buitre

Entre la bruma,
ante el beneficio que le brinda
la buena brisa de Barlovento,
bajo un bronce boreal de brillo barnizado,
se balancea a bandazos
sobre las bizantinas basílicas,
como bárbaro bólido
bailando barroco ballet.

Briosamente
el benemérito begardo busca su botín
babilónico, burdo y buscón,
con bagaje de bajeza y bufo baldón.

Busca con badomía
el banquete de la bascosidad,
el buffet de la bazofia,
la bandeja de la biomasa bubónica
para bendecir su buche.

Ya se baja del blando brizado
donde un burdel de bacterias bascosas
le blande por bienvenida
banderolas y bengalas.

Babeando sin bochorno el bandido
bucólicamente buitrea
brincando sobre la boca bruna
de una beldad sin blusa,
una Beatriz con bikini blanco
bienmuerta de bulimia
frente a los barcos
en la bioluminiscente bahía.

Su bronco bisturí, a modo de biopsia
biseca sus bíceps, sus bronquios,
y bajando por el busto,
más abajo de su barriga
va buscando bruscamente
entre boscoso bulto bilongo
las bondades que le brinda
con sus bálsamos babosos,
el bárbaro bodegón
de la bestial
bóveda de Beatriz…

El Caimán y la Catequista

Cruza calmoso el cuerudo caimán
circunnavegando las corrientes castalias del canal
calando la calígine calorosa del cárdeno caño Caribe.

Cazador de consagrado cacumen, corpulento y cursi,
cauteloso campea por el cenagal con cariz calculador,
conducido calladamente por su cola
hacia un cardumen de carnuzas carpas y cojinúas,
allí, donde colmenean cumulados los cínifes
cimbrando la crin de las cañas, del crisantemo.

Allí, cuando la cadenciosa cítara del corifeo
compuesto por las cluecas y claridosas cigarras
comienza a cantar contra el cedro del claroscuro,
de repente, de carambola, del celeste,
le cae sobre su calloso casco y cabeza de califa
comatoso cisne cataléptico,
corroborándole la casuística a su cábala concupiscente:

una casual y capital conmoción en el canal
característica de contendiente y conmocionada crisis
capta su cerebro censor de clarividentes circuitos
catapultándole el contrapunto de su carrusel cardiaco,
comandándolo hacia el cinético cauce conmovido.

Al margen del cerúleo, a lo lejos,
en común canoa con coladeros y cisuras mal clavadas,
capta columpiándose, cabeceándose en el canal,
a casta y célibe colegiala catequista
escapada de cristiana catacumba de convento,
de cabello castaño y cutis carmesí
vertiendo consteladamente, copiosamente,
colirio de cal por las córneas,
cantando calamitosa
condolida cuita sin consuelo,
conjurando por catarsis coplas a la Cernuda.

Ya arrojando al cenagal su cinturón de castidad
comparece la criatura ante el caimán
casi completamente en cueros,
sola con su candoroso celical corpiño,
sólo cubierta su cabellera por cofia color ciruela,
sola con un solo camafeo colgado a su cuello,
sólo ciñendo su codiciada cintura con coqueto corsé,
contemplándose en el caldo cristalino del caño
conmovida por el crisol de una cola de cometa
que cruzaba cabalgando por cielo columbrado…

…y como cohete de calamina
con caprichoso y conspicuo complot de ciclón,
colisiona a contragolpe contra la canoa el caimán
a crudo cantazo, columpiando su cóncava confección,
calculando la caída corporal de su condumio
en la ciénaga ciega y celular.

Ya cercenan sus colmillos su carmín carótida,
comiscando su cráneo, su crisma,
contorsionándose va cascando su cerviz,
su coxis, el clítoris, el cerebro,
los cartílagos de su columna, sus clavículas,
y en un clímax consumado
culmina consumiéndole
su corpudo corazón...

(Sobre copa de cósmica ceiba
consternada calandria catecúmena
canturrea contrita su candilada cantilena
capitulando la cena del cachondo
y cebado criminal...).

 Chibirico

No, esto que cuento no ocurrió ni tuvo lugar en la China, en Chile ni en Chapultepec, Chichen Itzá, Chipre, o en la africana región del Chad, en Checoslovaquia, en las islas Chafarinas de España, tampoco en la rusa Chechenia, ni en el condado de Chesire en Inglaterra, ni al borde del río Chamas de Venezuela, ni siquiera cerca de la bahía Chesapeake de la Gringolandia...

Tampoco llegó a los oídos de los sobrevivientes del accidente en la planta nuclear de Chernóbil, ni escenificado en el Teatro de Sombras Chinescas donde una vez se dramatizara la derrota del temible mariscal Chang Kai Chek por las huestes libertadoras de Mao Tse-Tung. Mas bien, tuvo espacio en el pueblo de Río Piedras, Puerto Rico, al margen de las orillas de la contaminada Quebrada Chiclana.

De este absurdo que hoy relato, nunca se enteró el que inventó el jazz del Charleston o el Ché Guevara guerrillero, el tirano de Churchill, ni el francés poeta Chateaubriand o el lírico azteca Chocano, tampoco el novelista ruso Cholojov, Chagall el pintor, Chopin el compositor, mucho menos el genial Charles Chaplin.

Ahora bien, les cuento:

Chibirico era un chimpancé chiflado que ha tiempo había perdido la chaveta. Natural del barrio Chupacayos de Fajardo, Puerto Rico, chapado con fama de chupacabra, era el cheche de la chusma, del chicle, de la chatarra, el charlatán del chantaje, el gran chamán del chanchullo…

En fin, Chibirico era un chango chauvinista chabacano y chapucero recién llegado de Chicago, que pasó el chasco de caer preso por chota y por chismoso. Acababa de salir del chiquero de la prisión de Chirona, donde cumplió más tiempo de encierro por haberse creído chacal.

Chava'o, con un chichón en la chola y sin un chavo prieto en el bolsillo, salió con su nariz chata a buscar otro chance, una chiripa, una chamba para ganarse la vida.

Rogándole al cielo que lo guiara a bien, vio una chiringa cabeceando entre las nubes que lo guió a un chichorro con chimenea donde a veces vendían chocolates. Su dueña era una monada, una chamaca llamada Chabela, a quien todos llamaban Chacha, una chica peluda y changa, nieta de Chita la de Tarzán, de nalgas chumbas con cabeza de chorlito que poseía por mascota un chihuahua.

Chibirico tenía cabal dominio sobre el rito de cortejo sobre las changas señoritas con su célebre e impune cháchara verbal. Un chistoso charlador que sabía chiflar como chirimía, intérprete del chelo y del charango, gran baila'or de chacareras chilenas, de los valses peruanos de Chabuca Granda, devoto de Changó, del culto de los nómadas chiítas y del Chac Mool maya, promotor de las profecías del Chilam Balam de Chumayel, fiel intérprete de la Piedra Roseta de Champoleón, y hasta toca'or era del tambor ceremonial de los indios Cherokee.

Entra Chibirico a su choza chequeándola de arriba abajo, divisando unos grandes chifles de chivo que adornaban la barra. Al ver tal chulería, Chacha lo invita a entrar, obsequiándole con una copa de champán, otra de vino Chianti, sirviéndole de cena arroz con churrasco y chayote mesturado con chícharos y champiñones y también chicharrones de chapín, chuleta de chancho almibarada con chironjas, asopa'o de chágaras, a la vez que daba órdenes a Chorolo, su chofer, que los llevara después de cenar a la paradisiaca Charca de las Chicharras.

En aquel apartado, solitario lugar se dieron al chapuzón, chapoteando y chapaleteando bajo un fuerte y ventoso chubasco chaparrón, libres e impúberes como dos chamacos adolescentes.

Allí la Chacha, para encender la chispa, se esmeraba atendiendo a su Chibirico como nunca a nadie lo había hecho: lo despiojaba de chinches, lo bañaba con champú, lo perfumaba con Chanel #5, y mientras le curaba un viejo chancro infectado que se buscó en el pasado por chulo fornicador, aprovechándose de él, le chupaba con gran tersura el chicho de la orejita y cariñosamente de vez, su chorizo chiquitito...

...y Chibirico, que se las echaba de ser el cheche de la película, bajo la fría chorrera de la Charca de las Chicharras, abrazando a su changuísima, se la chupetea y chupeteaba... y, chupándole hasta el chochito, se la chinga y se la chinga, mientras la changa chillona de pura changuería chillaba y chillaba al mismo tiempo que churreteándose se churreteaba...

Y así fue, todo ocurrió así mismito como les cuento.

Salió de oro Chibirico. La Chacha lo vistió con chaleco y chaqueta, con chamarra, chalina y chancletas de charol, hasta que en una fecha de fiestas en honor al santo Changó, un pariente chimpancé a quien llamaban Chucho Chévere, lo mató por celos, a sangre fría, en una noche de luna oscura (como esas que se dan sobre la gran pirámide de Cholula), dejando al pobre Chibirico chamuscado y hecho cantos en solitario y sucio callejón.

 el Dragón: (diario drama
de un depredador doméstico)

Con decoroso y diestro disimulo,
entre dóricos doseles
debuta disfrazado el Dragón
dirigiéndose a la danza.

Entre diapasón de diana en domingo
desafía danzarín y sin demora
a una desconcertada divina diosa descalza,
una deseada y dócil
delicada damisela de dieciocho años
que llevaba por nombre Drívida.

Deleita al Dragón
su diáfana y desaliñada
dulcedumbre despeinada,
lo deslumbra su dorada y destellante
diadema de doritas y diamantes,
lo desconcentra la desempolvada dermis
de sus delgadísimos dedos desmayados,
pero sobre todo, lo desconcierta
su descuido de dejar desabrochada,
casi al total descubierto,
su doble dicha, sus dos duros, casi desnudos,
despampanantes duraznos desabrigados.

Despacito, mientras danzan,
con su devoción de Dragón
le declama diestramente con discursivo donaire
su devocional ditirambo, sus décimas y desideratas
decidido a derretirla
hasta el denso delirio del desmayo.

Despacito y más despacio
la dirige a sus dominios,
diciéndole cual devoto dómine
que entre todas las doncellas
es ella y sólo ella la más digna
de las más deliciosas delicias
que puedan dársele a disfrutar a una dama,
declarándole de vez y sin demora
que quiere desesperadamente desposarla...

...que se dedicará de por vida
a diligenciarle todos sus deseos,
a descalificarla de desencantos,
desconsuelos y decepciones,
que la disociará del desgano y del decaimiento
desterrando sus dilemas, sus desaciertos,
sus defectos, sus diurnas depresiones,
desarraigándola de toda desgracia,
desilusiones y displicencias,
destruyendo todo lo que le despierte el descontento,
dándole al fin descanso a sus desvelos…
...que delante de los dioses
no la defraudará jamás…

...que se despreocupe,
que él la defenderá del daño del desleal,
de la discordia y sus diatribas,
de lo despreciable, lo desmoralizante,
que será su defensa ante la desidia,
la dolencia y la desdicha,
y por siempre será su desahogo...

...que debe desposarlo y depender de él,
decidir entre querer ser su dependiente
o, si demente, decide divagar desprotegida a la deriva,
desbandada al descompás del denuedo...

...que si se decide por él,
su solo deber doméstico sería
el descubrirse sólo ante él, descamisarse, desvestirse,
desnudarse ante sólo él cuando él solo lo desee,
y permitirle deshojarla, deshilarla,
desgajarla, desvirgarla,
derramarle un diluvio desenfrenado
de deltas divididos dentro sus desiertos
hasta dejarla dormida,
mientras le depone
su dogmática doctrina draconiana...

...que no deniegue ni desacate su demanda,
que no dude de él, que sería un delito
desdeñar sus decretos y directrices,
que sin sus dádivas le depara la derrota,
el desastre, el desaliento y la desventura...

Pero Drívida es diferente, difícil, desconfiada,
que diverge de Dalila, de el Discóbolo,
creyente de la ninfa Dafne, de Darío, Dalí, Debussy,
de Darwin y Descartes...

Ella...
la más disciplinada,
la que desprecia el desorden,
la que no se da a la decadencia,
la que domina sus deseos deliriosos,
la que entre sus deberes
no descuida su dedicación
por divulgar la dicha,
aun hasta en lo más difíciles días...

Ella...
la que no depende
ni desea depender de nadie...

...y sin más dramatismo ni desahogos,
despierta y sin desliz, desiste y diciente
del difuso discurso draconiano,
del diseño de su demagógica dialéctica,
y decide declinar con deferencia y derecho
defendiendo su deliberación
ante el descaro degenerado
del Dragón disfrazado.

Defraudado por la digna decisión de la damita
se despoja el danzarín de su disfraz de duende
denotando su deformado dibujo de diábolo
que desenfrenado y déspota le dictamina:

- Yo soy tu Dios. ¡No me desafíes!
A mí nadie me desprecia.

Soy el que define
el dibujo del delfín, del dromedario,
los definitivos dardos y directrices del decálogo.

¡Tu Dueño!

El que decide tu destino y descendencias.
El que domina la deflagración y el deshielo.
El que desafía las defunciones y los decesos.
El que descabeza a doctores,
divas, deudos y dictadores,
a los disidentes y detractores
que no divulgan la doctrina de mis dogmas,
la definición de mis diccionarios… -

…y con descomunal disimulado decoro la domestica…

…o mejor dicho, como mejor saben decir con dantesca descripción y desmoralizante displicencia los diarios democráticos del país:

(La destroza, la degüella, la descabella,
la decapita, la desgarra, la descuaja, la destripa,
la desmiembra, la desintegra...
la devora a diestras dentelladas…).

 La elegancia de la Escorpiona

Emerge en enero
de su enlodado y edénico edil
entre el estambre, el estilo
y la enramada de un ensoñador
escaramujo escarlata
enarbolando su escándalo de epifanía,
escopetada, elegante, encantadora,
embaucadoramente esplendorosa.

Una engalanada embajada
de embelesadas ecuatoriales estrellas equinocciales
encandiladas de eclipsados esmaltes esmeraldas,
elevan efusivamente su elenco de efemérides
en la esfera espacial del empíreo encapotado,
enalteciéndola con sus encumbrados esplendores,
encendidas con elocuentes, esclarecedores epinicios.

Un espécimen excéntrico,
de esencia estoica,
de eufemística estética,
que encendió con su esotérica energía
la elemental escena ecológica
de donde emergió con eficaz estilo
y ejemplar ética de endogamia
su equilibrada entraña.

Su erótica estirpe de esbelta entelequia
estableció desde la era del eoceno.

Entosigada por tantos elogios
entrevistas y entremeses,
se esconde en encubierto espacio
a entregarse a sus enlustrados ensalmos empíricos;
ella, la elegante encorazada y encofrada
envidiable emperatriz de lo endémico.

Desde el efluvio ejemplar del enorme ecosistema,
la endiosan los edificantes edilicios
de todos los elementos,
mientras excéntricamente encarecida
entrelucía con embrocada escamadura
su emblema entre las esfinges,
entre las escarpadas esculturas
de expeditos y eméritos egiptólogos.

La exaltan con especial envergadura
los energúmenos ejércitos
de esmerados estudiantes
y enteleridos enclenques
que entusiasmados se empalagan
con la exégesis épica
de su eólica escatología,
emulando su efervescente embeleco,
su empírica especie que extorsionó y ejecutó
al elfo exégeta.

Es ella, en efecto,
la elocuente y enigmática
emuladora de las églogas eruditas,
de la epistemología, del espléndido epigrama,
la que espía las entrelíneas
de las eternas epítesis.

Su enfático endocardio se enfoca y esmera
en editar sus entredichos,
en esconder y exterminar del estudio existencial
la evidencia de su epistolar embuste,
el embarre de su efímera encíclica
que a diario efectúa la emasculación del entendimiento,
entretanto eleva el efecto del eco
que encausa su ecolalia egoísta, endeble,
con eficaz espectro, con envilecida embocadura.

Ella, la embriagadora exuberante
que eligió eliminar el empeño del eón,
con la encomienda de emborrachar el entendimiento.

Ella, la encargada
de ejemplarmente enraizar la estulticia
en el eje de la existencia.

Nadie se llame a engaño ante la empecinada echona,
ante la ecuménica efigie de tal emotiva emperatriz.
(Puede que los engulla como lo hace
con su esposo y sus engendros.).

Si la encaras, la enfrentas,
te encontrarás con su eficiente emboscada,
con su ensañada y enfebrecida encerrona,
con el ejercicio de su embate embravecido,
con su empeño de enfilar envilecida
la encorvadura de su escalpelo emponzoñado,
enarcada y lista
para embestirte con su estocada
y entregarte el escalofrío del encono que entumece,
endrogándote con su elixir
hasta la embolia y la epilepsia,
envenenándote encizañada y entenebrecida
como a cualquier enjuto escarabajo, erizo entristecido,
o ermitaña encrudecida escolopendra,
para embeber finalmente
la emulsión de tu espíritu…

…mientras,
enardecida en éxtasis
se escuchará a la elegantísima
epilogando la endemoniada
endecha de su estigma,
emocionada con sus esquelas emotivas,
encriptando enternecida
sus excelsos epitafios…

 La fiesta del Fénix

Fabuloso, fenomenal,
fastuoso y fascinante,
flamantemente se filtra
entre la furia del fuego
fugándose de las fibrosas fumarolas,
del feroz fósforo, del fotón flagrante,
del frenesí de las fraguas febriles y fulminantes.

Festejando su fuga,
lo favorecen fehacientes plumosos familiares
(el falcón y el faisán),
también la fragancia de la flor,
la fineza frutal
de la felpuda frambuesa de la fronda,
la fuerza de la fuente y del filósofo.

En faldas, faldillas y faldetas,
femeninas Fabiolas, Felícitas y Filomenas
floreando frescamente sus fondillos floripondiosos
le fraguan fogosa y fervorada fiesta
felices junto a sus faunos Flavios,
Filibertos y Federicos,
festejando su fantástica,
fulgurante figura flabeliforme.

Allí, como si en feria de fandango
flaco, flácido y famélico flamenco
felizmente flexionándose,
se fatiga entre el falsete del fígaro fauvista,
con su fraseo de fabordón
y las fusas del fagot filarmónico...

...y fiestean y fiestean con sus flautas
bajo fluorescentes farolas
los fieles a la felicidad
festejando por los fundamentos filiales,
fusionándose a ellos las familias filántropas
gozando de los filamentos de la fe
con la filigrana futurista
de los fervores fértiles y fecundos.

Mas no hay forma de fomentarle
la felicidad a todos.

Sin habérselo a propósito formulado,
el fueguino y furtivo Fénix,
formal y franco,
le fomenta la friolera del fastidio
(entre otros fenómenos),
a los fámulos fervientes
de los frívolos frailes farfulleros,
fastidia al feudal y al fetichista,
al furibundo fraudulento del florilegio,
al frívolo fratricida,

al fariseo que frecuenta
los fétidos fangos fecales
de las fosas de falacia,
facilitándole sus fermentos
a sus feligreses de farándula...

...a las fulanas que fingen ser forzudas siendo flojas,
a las fofas feministas fritangueras de fiambrera,
a las firulísticas y flemudas fumadoras de fonda,
al forense fatulo, al foráneo creído
de folklorista de nuestras fábulas y fiestas...

A todos ellos
y a muchos otros fornicadores fastidia
a la vez que les fomenta
la fecha final de sus fanfarrias y fortuna,
la fachada del fondo de su féretro frío,
el fin de la fama y fortaleza de su falo,
el fatídico fallo contra el falible
frontón de su fortín y sus faros...

...mientras,
todos los fastidiados,
franqueando sus fantasmas y fortalezas
van fijando ya la fecha:

la fecha fatal en que las funestas fuerzas
de sus fuetes, flechas y fusiles,
le fijen freno,
lo fuercen de nuevo al fuego,
lo fulminen...

 Gusano con guitarras

Gitano grandilocuente,
galano, gnóstico y gentil
gravita con garbo gallardamente
desde los genésicos glóbulos de la galaxia
por toda la gama geológica del globo.

Gurú de la gastronomía,
guardián y gladiador de la gula,
su garganta y genial gaznate
le garantizan su gordura y su guateque.

Gusta de gatear
entre la guillotina y el garrote,
entre los gritos y las gaitas de la guerra,
entre la guapería del granuja general
que garantiza los gemidos del genocidio.

Bajo la granizada, se guarece y guarda
dentro del germen de la gangrena,
en el genotipo de la garrapata,
dentro de la guayaba,
del geranio y los guisantes,
entre los genitales del gorila,
las garras del gavilán,
las gárgolas, el gerifalte...

...y allá, tras su geófaga gesta,
dentro la guarida
donde gruñen las guitarras,
allí sobre las gradas de las glosas,
se goza cual gigante Gargantúa
junto a su glotona generación
y su grácil y generosa genealogía.

 1ra Adivinanza

Habita hacinada
entre el humo de las hierbas húmedas
hostil y habilidosa, híspida e hirsuta,
con su helénico hado
de hálito homicida,
hilvanando su himnario de hecatombes
con habitual heurístico humorismo.

Husmea con su holgado hocico
entre la hemorragia de la hemoglobina,
entre las heridas hemofílicas,
horadando con las heladas hélices
de su hosca helgadura hialina
la hiel y el hígado hasta hartar su hambre,
hurgando la hormona del húmero
hasta hacer de los huesos harina...

...y cual hidalgo heraldo del Hades
huye hinchada de hazañas
con su hermética hegemonía de horror
y su hiperbólico humor de hastío...

- ¿Quién es? -

Un huérfano habla: - es la Hiena. -

I

Isis, el Ibis y los Imbéciles

Es un invierno inclemente,
incierto, inhabitable,
donde irremediablemente,
interpelados por el iodo, el iridio y el itrio,
invocan con impromptu los poetas
a un introito de insomnes,
insondables interiorismos...

Allí, en inimaginable intemperie
impulsándose con indómito instinto
se insola inspirativamente
iluminado Ibis,
intentando imprimir la aun insumable
ilustración del intelecto,
la imaginación íntegra del idioma de la Idea.

Allí invernan inclusive, imperceptiblemente,
dentro su imperfecta imitación de iglú,
infusos imbéciles
inmersos en infames ignominias,
intemperantes, inanes, insulsos impertinentes
que indecentemente intentan invalidar
la iniciativa del ilustre Ibis...

Tras innumerables infructuosos intentos,
inconsolables los insensatos
incursionan esta vez en insólita injuria,
indagando cómo inmiscuir a lo inmortal
implorando por su insidiosa inquisición,
invocándole entre sus idolátricos incensarios
para que interceda por ellos…

…hasta que un día insospechable,
inesperadamente…

…de los inéditos inasequibles inframundos,
desde los infernales
incendios infrarrojos del íncubo,
con idílica e imponente imagen
se iza con impetuoso impulso
invicta e imbatible,
la indemne e inmortal
Isis inmaculada
irradiando en el iridiscente
índigo de la infinitud
su insigne investidura imperialista...

Ilapso ante la impactante ilusionista,
imantado a la intensa irradiación de sus iris intrigantes,
queda inerte el Ibis ante la irresistible intersexual,
quien insinuándosele,
impulsivamente intenta intimar con él.

Sabe intuitivo el Ilustre
que es intrépida e intensa la infausta,
que osará de inocularlo
con su intrigante idilio,
de inyectarle intravenosamente
su infalible icor isiaco
para intoxicarlo, inutilizarlo, invalidarlo,
hasta dejarlo inconsciente, insensible...

...para inapelable e imperativamente
investirlo como su íntimo intendente,
como su ilota instrumento
que impasible imponga
todos los impasses e interdictos
de su inmisericorde e infame
ideal imperialista,
interviniendo con todos los idiotas
junto con los mismos imbéciles
que la invocaron.

Mas increíble e irónicamente,
el más indefenso de todos, el Ibis,
se iza inmenso, insumiso,
insobornable, ileso,
incólume ante la inmoral irrebatible
quien,
impactada por el íntegro inasimilable,
se inclina con ira ante él,

se invalida, se inhibe,
incorporándose de inmediato
para integrarse
a esa insondable e inescrutable
ruta de ida intemporal
que inexorablemente
la regrese de una vez a sus infiernos...

La ilustración ya se ilumina,
se imprime inevitablemente
el inédito idioma del ingenio.

(Los inicuos imbéciles
con su intrínseca inopia,
inmigran instantáneamente
intransmutables, irremisibles,
hacia las islas inmemorables…).

*Julián Chiví:
ave migratoria que pasea por Puerto Rico.

 2da Adivinanza

Juiciosamente,
juvenil, jocoso y juguetón,
juramentó al jolgorio,
a la joyería del júbilo
en la judicatura de la jungla jurásica.

El jengibre, el jacinto y el jazmín
justificaron el jornal de su jarana.

Jinete del jugoso jobo,
de la jácana, del jíbaro jagüey,
de la joroba de la jagua,
jefe y jerarca de la jurisdicción del jardín,
se daba a la juerga de la juglaría
sobre jactancioso jónico jacarandá.

Mientras,
Jenófanes, Jehová y Jenócrates
jugando a la suerte sus jaspes, jades y jadeítas,
perdían el juicio con un jarrón de Jerez
escuchando al jazz del jovial juglar
junto a Júpiter el juez.

- ¿Quién es? -

Julián Chiví* responde: - el Jilguero. -

 Preguntas y respuestas vagas
(II guerra mundial)

- Soldados, ¿qué se traen, qué llevan en esos cajones? -

- Un botín de guerra: cámaras Kodak confiscadas, el telescopio original de Kepler, el kinetoscopio y el kinetófono de Alva Edison, óleos de Klimt, lienzos abstractos de Kandinsky, rollos de películas de horror de Boris Karloff y libros y más libros: poesía de Kundera, Karlfeldt y Kitts, filosofía de Krause, Kierkegaard, de Kant y Karl Marx, literatura de Kafka, Kempis, Kipling, Katayev... y otros de ciencia y tecnología que explican sobre el termómetro Kelvin, sobre kilovatios, kilovoltios, kilociclos y kilotones; otros hablan del lenguaje kinésico, otros de religión, del Krisna y del karma... -

- ¿Y en esas jaulas, qué transportan? -

- Dos marsupiales: un koala y un kanguro de Australia, y de Nueva Zelanda, un pajarraco llamado kiwi. -

- ¿Y hacia a dónde los llevan?

- Al zoológico nuevo que lleva el nombre de Federico Maximiliano von Klinger, -en honor al poeta del drama *Sturm und Drang*-, que queda por aquí cerca, a muy pocos kilómetros. ¿Entiende usted?-

- Y…¿qué venden es ese kiosco, más objetos robados? -

- Sí, mas allí sólo se venden libros usados de Kindergarten, los métodos de música para niños de Zoltan Kodaly, copias apolilladas de las partituras para violín del compositor Kreutzer; también keratina para las uñas, keroseno para cocinar, objetos e imitaciones Kitsch de pobre calidad y Kirsch para quitar el frío. -

- ¿Qué? -

- Sí, vamos entienda... Kirsch, un aguardiente para embriagarse. Ah, también venden como suvenir lava petrificada del volcán Krakatoa y, para coleccionistas, un ejemplar de la primera edición de uno de los libros de Allan Kardec y su espiritismo científico.. -

- ¿Y qué hay con esos pobres soldados japoneses que no pesan ni un kilo? -

- Son prisioneros de guerra; los unos, guerreros karatekas de las tierras de Kumamoto y Kagoshima; los otros, temibles pilotos kamikazes, los suicidas de su fuerza aérea, nativos de su antigua capital, Kioto. -

- ¿Por qué los desnudan de sus uniformes frente a todos y los visten con kimonos de gueisas? -

- Para humillarlos.-

- Pero... ¿dónde está el Káiser? ¿Cómo es que lo permite? -

- Está de vacaciones; unos dicen que se encamina hacia el Kremlin a cantar el Kirieleisón por todos los que le faltan por asesinar... otros aseguran que está por Kurdistán remando kayak en algún lago encantado, otros y que en Kenia o en el Kalahari comiendo carne de león con kétchup mientras le da un masaje su kinesiólogo privado...

...en Kuwait o en Kosovo, en Korea, en Kabul, en Kerala o en Kirkuk, unos dicen y otros callan, pero nadie sabe con certeza... -

- Oigan, pero... ¡qué Kojones..! -

- Shhh, que no te escuche el temible Krupp, ese que está allí, el maestro fundidor de los regios cañones nazi que llevan grabados en hierro su nombre...

...a ese sí es verdad que le importa un Karajo si el Káiser está en la atmósfera endrogándose, inhalando los gases alucinantes del elemento Kriptón... -

 ## La Luciérnaga

(Letárgica lechuza
con lasitud lastimera late su laúd...).

Limitadísima, cual lúnula de luna
lamparea con su linterna
sobre el lienzo lacio de la laguna
mientras lacustres libélulas litigan
lidiando con lilas y lavandas.

En la laberíntica láctea vía laminada,
las Leónidas son ligeras lentejuelas luminosas
sobre las latitudes y logaritmos
de un lujoso y lucífero
limbo de luceros lapislázuli.

La luciérnaga es la más laudable de todas las luces.

Levita con su legión
libertina y licenciosa sobre un lago lactescente
libando la lisura de los líquenes y los lirios legítimos,
liberando sobre los lindes de los lampos del laurel
con su loca lumbre de limón,
la ley de la luz.

(Lacónica liebre
localiza las legumbres gracias a ellas,
lamiendo a su vez una labranza de largas lechugas
lejos de los lebreles y sus ladridos, allá...
...en la limítrofe longitud...).

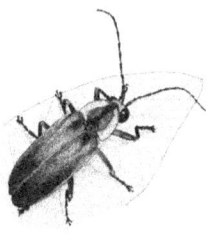

 (Paisaje con Llama)

Luna llena.

La llagosa lengua del Llaima*
lanza sus llamaradas.

En el llano,
llantillora llanamente
una llanera.

Con sus llaves llamativas
las lloviznas llegan
llenando de poco a poco
la llanura llevadera.

No se cansa de llover
la llorona lloviznera.

Sobre el llano
llaga y llora
entre llamaradas
una sola llama;

una llama sola sobre el llano,
bajo el Llaima,
frente a la luna llena.

*volcán del alto Perú.

 La Mosca

Melindrosamente,
merodea sobre las mefíticas
miasmas malolientes,
muda entre las médulas maxilares
y la miserable y mandibular
mueca de los muertos.

Minúscula,
cual morfema de minuta,
con su miríada de multicolores miradas,
se mueve entre el metano
de las máculas macilentas,
por las magras membranosas,
se mueve con su medroso moscardoneo
molestando al mortecino hasta su merecida mortaja...

...se mueve
desde las mutilaciones del matadero
que mancha de mugidos
los matices de la múrice maitinada,
por las mediatintas de la medianoche,
sobre el mantel de la mesa
del matarife y sus machetes,
sobre múltiples mariscos y moluscos,
hasta mudarse al mar de las masacres,
al muro de los magnicidios.

Ella...
la magnificente majadera
que con su magistralía,
maniobrando con sus malabares
malhumoró alguna vez
al Minotauro y también a la Medusa,
a Mahoma, a Melchor el Mago
y hasta a la Milagrosa María Santísima;
la que hoy mortifica al miope monseñor,
a la manierista monja en menstruación,
mofándose de ellos y sus matamoscas
entre los mementos de la misa y sus misterios.

No hay milagro ni mesías
ni mercenario que mate a su merced,
la muy menospreciada
por los mundos de mediocres y mequetrefes,
por muchedumbres de místicos y moralistas,
por las momias mesopotámicas y mesoamericanas;
la muy maldita por los cristianos
por haber y que mordido, dicen ellos,
el mortuorio Manto de Turín...

... la maldita por todos,
menos por los miríficos madrigales
y las melopeas melodramáticas
del moro y moreno
españolito Machado
(Antonio).

 Paisaje con Ninfas

Nadan las níveas náyades
entre nenúfares nectarinos
nítidas, nihilistas, nudistas,
bajo el núbil nimbo
del neblino nadir naif.

Nativos nísperos y naranjos,
neogóticos nogales
y nobles nopales llenos de nidos
niegan numerosos, normativos,
su natal numen al necio.

Naufragan tras las ninfas
nocivos y negligentes
nefastos nucleares navíos
con sus nitrógenos y neutrones
junto a navegantes nuncios neurasténicos
y neuróticas novicias ninfomaníacas.

Cae la navaja niquelada de la noche
sobre la nemorosa naturaleza.

Entre los narcóticos néctares
de los más nuevos narcisos,
noctívagos nigromantes,
noctámbulos nomos nibelungos
nacidos de negra niebla,
hacen nómina y notaría
de su novel nervio de nata,
de su nuca y nariz de nieve,
de sus nalgas nacaradas,
numerando por su nombre
sólo a las que han alcanzado
el noble nivel del Nirvana.

 De habladurías y ñoñerías

Dicen que Siña Ñeca y Ñito el ñoco
(una parejita de ñangota'os),
tienen ñoño, ñoñito a su ñáñigo
a quien ñaman Ñuño el colora'o;

que si lo duermen con su ñe ñe ñé
que si lo emboban con su ñi ñi ñí,
que si lo arrullan con su ño ño ñó,
que si lo mecen con su ñu ñu ñú...

...que si lo hartan de ñame
y que a veces, de ñapa,
sin que lo sepa la Ñeca,
Ñito, a su ñañigo, de postre,
comerse su propia ñoña
lo deja...

(Ñam, ñam ñám Ñuño ¡qué rico!
¡Ay qué rico ñam ñam ñám..!)

Dicen que Siña Ñeca y Ñito el ñoco
(una parejita de ñangota'os),
tienen ñoño, ñoñito a su ñáñigo
a quien ñaman Ñuño el colora'o.

 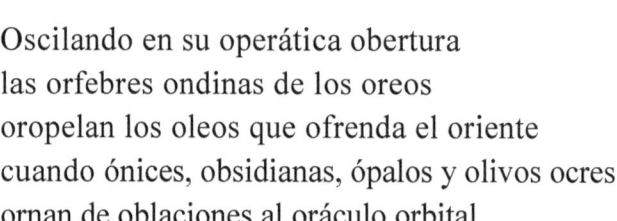

La Oropéndola, el Obispo y la Oveja

Con su orfeónico y orgánico oficio,
sobre el opulento olmo
que ornamenta al otero,
entre la opacidad de la oscuridad,
observa la oropéndola
el ósculo del orto occidental
orbitando sobre el océano.

Oscilando en su operática obertura
las orfebres ondinas de los oreos
oropelan los oleos que ofrenda el oriente
cuando ónices, obsidianas, ópalos y olivos ocres
ornan de oblaciones al oráculo orbital…

……..

Bajo oxidado, obsoleto
obelisco Opus deísta,
obtuso obispo ortodoxo,
ocioso y ordenancista,
ojea sus más de ochenta
oraciones ocultistas,
los obligados *oremus*
de su ordo oscurantista.

Sobre el orbe y sus oasis,
obstinadamente obsesionado,
en ocupar a otros se ocupa,
obligándolos a organizar
y ordeñar a sus ovejas
y hasta la obediencia
oprimirlas.

Ninguna osa opinar, objetar,
opugnar u oponerse.

Para ellas no hay opción que no sea
la de obtemperar ante sus oprobios
y ser obsecuentes a las obscenas ordalías
de tal ominosa obispada omnipotencia.

Pero las objetivas,
osadas ovejunas originales
orientadas hacia las odiseas olímpicas,
se ocultan del obtuso y su oratoria
entre el ocaso de orquídeas,
para oír el ofertorio,
el obsequio de los oboes de oro
que les ofrenda en orgásmica oda
la órfica oropéndola.

 ...de Poetas pasionarios
y prosélitos Periodistas

Parado en la palestra del pabellón del parnaso, peinado como de película, prepotente y pendenciero paladín de la palabra, panzudo perito en parábolas, en el palique del papagayo, en la pamplina, en la pejiguera y la perorata, pedantemente parlotea su parénesis pedagógica a una pandilla de párvulos perspicaces, partida de precoces púberes pensadores provocadores de la polémica pertinente, pertinaces practicantes de la porfía, persistentes postulantes de la parábasis de la política, pálidos polifacéticos paganos que prescinden de los provectos pergaminos del pentateuco, de la providencia de los puritanos y su purgatorio, del popurrí de pésames y prejuicios prehistóricos del patético y peligroso pragmatismo de la plutocracia.

En procesión salen de prisa de tal precinto perturbando a su paso, cual pelotón de piratas pintarrajados de plata, la paz del panorama pueblerino y sus panteones, pajareando pícaramente en pelotas por el parque, provocando sin pausa el pavor a los presbíteros.

Sí. Son ellos los patanes pilluelos que aun practican la peonza, le pegan a la piñata y prenden petardos en la plaza; los que en patineta presurosos se pierden de los pitos de la policía mientras le pasan por el lado a parcas y peludas princesitas, pellizcándoles los pezones prolongados a Pura la patilarga y a Piedad, la pelotera.

Los persiguen hoy, para completar, prosélitos periodistas que pretenden pedirles permiso para publicarles parcialmente, con prefacio, prólogo o proemio, sus pergaminos poéticos en el periódico "El Potro Póstumo".

Una pertinaz partera pensionada que pedía pesetas bajo el pinar y el puente, les porfiaba a esos tales que habían perdido de vista a los poetas que perseguían:

-*"Es posible dar con los pícaros párvulos en la prestigiosa Peña "La Piara de las Perras", esa que se proyecta con peculiar pórtico sobre el Puente de las Pulgas, donde puercos y pingüinos de plástico paralizados y pasmados sobre dos postes de pino, promocionan su precinto frente al puerto de la península; mas sepan que deben pertrecharse de paciencia y ser muy precavidos."-*

Les pronostica con profética pupila y piquiña en el pie, que -*"probablemente ahora, estén allí presentes tales pájaros fumando sus pipas, o como plácidas pirañas pelándole el pellejo como a puerquito pre-epifánico, al patán de su profesor, porfiando que si es un poseído prejuiciado, que si promotor del plagio y la pastorela, que si paje de la parábasis, que si perico del paroxismo, que si pontífice políglota del pentecostés, que si plañidero preceptor de la pigricia positivista... ahhh, y que si había caído en paracaídas al parnaso procedente de Plutón o de algún otro planetoide, prófugo del plioceno o del paleolítico, portando su piojera y su plaga de parásitos y pulgas perniciosas...etc, etc..."-*

…también les profiere que -*"posiblemente en este preciso pulso del polo diurno, cuando aun percute el péndulo del periastro, pululan los párvulos allí en la Peña, pervirtiendo por pura pervivencia a su paladar ya sea con pizza, o con la parva de patatas y pescado, o con pernil y pezuña de puerco, ya sea con pescuezo de pato, o pechuga de perdiz preparada con perejil y pimientos, o probando el potosí de piramidales postres: los de parcha, el de piña, el pan con pistachos, el puré de peras, o, purgándose de pecados con un solo y pobre pirulí…"*-

Les previene además que de noche, mientras aun pacen por el poniente con sus pálidas pavesas el Plutón, la Piscis y las Pléyades, no es prudente pasar por allí, puesto que patrocinan la Peña párrocos poco pacíficos; que perennes pusilánimes y paranoicos prevalecen pluralmente frente a tal precinto, donde prolifera la piltrafa del poblado, la pueblerina peonada parasitaria de pueriles y perversos plebeyos, perezosos próceres politiqueros, pendencieros peregrinos y paisanos peligrosos.

-*"Allí, pestañean también* -les dice- *piro grabadores pesimistas y pintores postmodernos que plasman con sus prismáticos pinceles, la presente perspectiva pandemónica que se percibe en el pueblo… los que prefirieren perpetuar en su plástica la presencia de otros pujantes prevaricadores y piratas que a veces pululan frente a la Peña, o pernoctan plácidamente en el placel arenoso, bajo el palmar.*

...Pero escuchen bien, estos penúltimos que les pinto, incluyen a esos propasados pasajeros y peatones de otra patria, perfeccionistas del periscopio, esos pilotos del poderoso portaviones que predican su potestad sobre nuestro puerto, los que profanos perturban a las preciadas predilectas prostitutas de la península preferidas por los pintores; a esas las nuestras, las primorosas, provocadoras, petulantes perfidias de protuberantes pechos perfumados con pacholí, adornadas y vestidas con plumajes, pulseras, pantallas y perlerías, pulidas con pelucas y peinetas, con pascuas y pétalos de primaverales petunias y pomarrosas... y, alguna que otra persuasiva puta preñada, presta a darle el premio de probar del panal de su pubis al primero que la pretenda; y otras más que se pasean pomposa y pasionariamente, de puntillas, por la periferia de la pasarela de piedra, por el perímetro del pedregoso pasadizo que da a la puerta posterior de la Peña."-...

Les advierte además de particular propaganda:

-"Observen bien pendejos, estén bien pero que bien pendientes y precavidos, puesto que pegado a la puerta principal de la "Piara de las Perras" se perfila un papel con pertinente proclama que lee:

¡Atención! Es preciso persignarse antes de penetrar por esta puerta cuando cae el poniente y más aun si es que se posa una plateada penumbra sobre el pórtico cuando

hay plenilunio; y todos, pero todos, deben darle pleitesía a los puercos y pingüinos de plástico pasmados sobre los postes de pino, para que los protejan de alguna pestilencia, potente pedrada, procaz puñal o posible perjudicial percance... y cuidado, está prohibida la entrada a prosélitos periodistas...-"

Por último, por post datos les participa:

-"¡Atiéndanme! Es ahora o nunca pendejos. ¡Adelante, penetren la Peña!, que es éste el momento, antes que las Pandoras del hoy abran sus paquetes con las nuevas plagas postreras... adelante, ahora cuando el poder y potestad de los precios paralelos muestran su punto plateado en el poniente perfecto. Vamos. Es ahora o nunca ¡Adelante pendejos, penetren!, mientras perduren la pureza del prodigio y el pulmón profético del Púlsar, ahora cuando las pérfidas pegásides están danzando en el polígono del proscenio...

...y aprovechen bien, que ahora y sólo en esta hora encontrarán aquí, protagonizando en la Peña, a Pavlovas puristas de la pirueta en puntillas y del paso preciso en la polonesa y la pavana, a prodigiosos pulsadores del piano, del plectro, de la pandereta, de los pífanos y el pizzicato, a pródigos pregoneros y payadores practicantes de la parodia y la pantomima, a pulidos y pintorescos prestidigitadores y payasos, pirománticos pigmeos, plañideras pitonisas con piel de porcelana, a paupérrimos poetas proscritos...

ah, y adivinen qué: entre ellos encontrarán a los de precaria prosapia que persiguen ustedes, ¡so partida de pendejos..!"-

Uno de ellos, el más pávido pelele, el pecoso con puntiagudo perfil de pértiga, el más pequeño de todos, portavoz del puñado de los pretenciosos periodistas de "El Potro Póstumo", les pronuncia con prédica y pena:

-"Debemos percatarnos de que para esta noche hay proyectado un plenilunio, a la vez que precavernos de la peligrosidad que éste nos presenta, según nos previno la partera pide pesetas bajo el pino del puente; además, he percibido un potente presagio pernicioso, una premonición de pavorosa ponzoña... un pulverizador poder con peste a podrido pantano... debemos también, por si acaso, evitar provocar a tales pútridos prodigios con sus pléyades de portentos sin parangón, como también evitar problemas con el resto de los párrocos peleones y pusilánimes que se pasean por la Peña...

...por tanto les propongo posponer nuestro proyecto, puesto que hay que pesar y pensar todo esto mucho más profundamente, procurando evitar piratas, puñales, puercos y pestilencias... y permítanme profetizarles que para publicar el prólogo pendiente, podemos pactar con el patronato del periódico y su prensista, como también es posible, hacer hasta una nueva propuesta a la casa publicadora de nuestra preferencia, sin tanta presión, sin pesadillas, con más pericia y precisión, publicarlas

con un pensamiento menos pulido, con palabras más pueblerinas, menos profundo, menos pedagógico, mucho más parcializados en nuestra postura..." -

Otro de ellos, pasmado y con pánico pondera su ponencia:

- *"¡Bravo Pirulo!* (así se llamaba el pecoso con el puntiagudo perfil de pértiga). *Estamos de acuerdo contigo. Será preciso ser más parcos y prudentes, y sin presión ni pasión, intentar procurar posteriormente a los tales párvulos poetas, no en la Piara de las Perras, sino en el patio posterior del parnaso; o quizás, durante el periodo que precede al del profesor de praxis platónica, preferiblemente el año próximo o el próximo plioceno..."*-

(Por el Puente de las Pulgas, pululaba la pensionada profiriendo en voz alta, murmurando pecho adentro... -*"periodistas ni periodistas ni qué carajo; mmmmmmm, mmmmm, bah, mmmmm ¡so partida de pendejos..!"*-).

 Queja quíntuple
para quien la quiera

(Querubín con quitasol
quiebra el quietismo del quásar…)

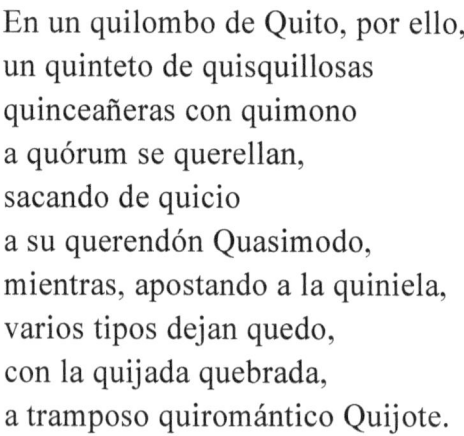

¡Ay querencia mía..!
han quemado con queroseno
a mi querida quimera.

En un quilombo de Quito, por ello,
un quinteto de quisquillosas
quinceañeras con quimono
a quórum se querellan,
sacando de quicio
a su querendón Quasimodo,
mientras, apostando a la quiniela,
varios tipos dejan quedo,
con la quijada quebrada,
a tramposo quiromántico Quijote.

También en Quito, por otra causa,
bajo un quinqué en un quiosco,
quince quechuas quincalleros
tocando quirquinchos y quenas quitapesares
se quejan con quintillas de Quevedo
tras perder un quintal de queso
y otro de quimbombó.

Allá también, en el pico Quispicacha*,
de frondosa quina con queresa,
sobre los quilates de la quebrada del Quinindé*
cae quejumbroso quetzal
quebrantado por el deceso de Quiroga.

En otro lado del mundo,
en un quirófano, Quilón el sabio,
quejándose de un quiste maligno,
sufre a quemarropa
la quemazón de la quimioterapia.

¡Ay querencia mía..!
han quemado con queroseno
a mi querida quimera.

(Querubín con quitasol
quiebra el quietismo del quásar…)

*Quispicacha:
pico de los Andes del Ecuador.
*Quinindé:
río del Ecuador.

Retablo
del réprobo rabelista

(Rosicler rosmarino
rutila sobre rodal de rubí...)

Recluido en rústico recóndito rancho,
recostado de rucia rama de romero,
un réprobo y resentido rabelista
con rotundo y raudo ritual rítmico,
rasga reciamente una reliquia de rabel,
un residuo resonante de robusto roble redimido...

Lo rasga sí, y con su repetitivo repique
el rabel retiembla, reverbera,
repercute, lo hace restallar
como si con retardo resentido,
como si la resumida revista de su recital
reservada para las regentes reses y ratas del redil
retratara remota reprimida roña
con los régulos del ritornelo,
como si renegara del retador rondo,
del rebato en la romanza,
del rigor del réquiem y del rigodón,
del rico redoble en la retreta,
de la rondalla riolada de requintos,
resultando el relato de su recital

en un rarísimo rumbón
retumbando cual rugido de rocas
rodando sin riendas,
cual remolino rizado de rebuznantes rocinantes,
cual revolú de rotas ruecas y ruletas rusas,
cual regata de rayos y relámpagos,
cual ruptura de represas reprimidas…
…cual reyerta entre rivales reposteros
reclamando entre rosquillas, risas y refrescos,
el rosado rinoceronte de la rifa
recién rostizado con ron de remolachas...

Ya rufianes y realistas
se retiran del recital
y mientras hacia un risco resbalan
los régulos con su retrógrado
y robótico rebaño de músicos,
recíprocos hacia el rabelista,
realengos rubicundos y otro resto
de dis que relapsos retardados,
reciclan con respeto
la rudimentaria receta de su rapsodia
reafirmando y reescribiendo
su rarísimo
musical reto revolucionario.

(Rosicler rosmarino
rutila sobre rodal de rubí…)

El Sapo y el Sátiro
(un viejo cuento modernista)

Es un sábado siniestro de soso sabor sin sal.

Sobre la sideral sabana, por el sudeste, súbitamente y sin señales, sin signos y sin aviso, el Saturno y el Sagitario sacuden severamente a nuestros sagrados solsticios con sus sorpresivos simulacros, con sus satélites de siglos, salpicando simultáneamente, de sopetón, a nuestro sistema solar, con sentenciosa secuela de sismos.

Sin sospecha alguna, sin sensores sensitivos, salta sucio y soberano senil sapo sicodélico, saboreando del sustrato tan sabroso y suculento que sustrajo sumergido en el sumidero séptico.

Ya saciado y satisfecho, sujetado de un suspiro, hacia un surtidor de agua serpentea sin suplicio, hasta quedar sano y salvo y suntuosamente limpio, con sonrosada salud en semblante y en sentido, para irse de serenata, siempre sensato y sonreído…

Obviando su santa siesta, con sotana de safari solemnemente se viste; ya se pone su sombrero, ya se encaja su sortija, serio calza sus sandalias y agarrando su sombrilla, va saltando cual sultán el sonámbulo soltero, entre sándalos y sauces por el suntuoso sendero, silbando silentemente su sinfónico solfeo, su sonoro sonsonete:

♪ *"...Ay que toda la vida es sueño*
y los sueños, sueños son..." ♪

De la suave y satinada solapa del sastre viento, de la selva sibilina, del sésamo del silencio, de súbito sorpresivo, surgiendo de unos sahumerios, se le apareció un sofista, silvestre sátiro seco, dándole al pobre sapo, señor susto en el sereno.

Sobresaltado aun su sístole, sobreviviendo del susto, sollozando el senil sapo, sobre una silla de sílice se sienta entre los saúcos, casi a punto de mal síncope.

- ♪ *"Sana, sana mi buen sapo, sana, sánate y ya silba, que si te sanas buen sapo, te regalo mi sordina...* ♪ *"* -

Con sordo y sueco sarcasmo el sátiro seco le silba, siguiendo como un sabueso a seis sílfides sensuales, a unas siete sirenillas, de senos de sutil seda, de sublimes simetrías, sonando solemnemente con su son de santería, más salaz y más que sádico, sus sonajas saturninas, sugestionando sagaz, sardónico y sodomita, a las sueltas y sesudas sanas sabias señoritas, ya soñándolas tan suyas, secuestradas y sumisas, sorbiendo casi seguro la sangría de sus sonrisas, y sonrojadas ya abriéndole sus sagradas sacristías.

No sabe él que son ellas síquicas y sigilosas sibilas,
de una muy secreta secta de salvas sacerdotisas,
que sienten desde muy lejos su sicalíptica saliva,
su sola sangre de sierpe, sus saetas subvertidas.

♪ *"...Ay que toda la vida es sueño*
y los sueños, sueños son..." ♪

Ya por el solaz sendero, solo con su soltería,
el seco y soberbio sátiro de silueta sifilítica,
con su solo sino sarnoso, sufriendo va por el sida,
seguido por servil séquito de salvajes solitarios
serafines solipsistas.

Al segundo del sepelio del sátiro ya sin vida,
ya sensible y sensitivo, el sapo senil sentía,
el siniestro sismo del sábado, con súbita sincronía.

Ya se sofoca el solano, ¡Segismundo lo sabía!,
se van secando las savias del secoya y de las sidras
y el subafluente de los sueños, con todo y sabiduría,
es sentenciado a un silencio sin sal y sin sinfonía.

(Los silfos superdotados, sórdidas supercherías
sublimados le silbaban al viento entre las sandías...)

 Tema para tigres

Turba el taimado tigre
tácitamente al trigal
trasuntando tormentoso tiempo
bajo la turbia tonalidad
de los trinos del trueno.

Tras tamiz de tamarindo
trama su tarascada de terror
tasando tenazmente y talentoso
el tálamo del tahúr templario
taciturno entre los textos del Talmud
tejidos con teoremas de taumaturgia.

La trapaza está tendida.
Su truculento traicionero
templa con total telemetría.

Tanteando tenazmente su tentativa
ya la termia de su tórax
en trance de taquicardia
se le torna turbulenta.

Ya se trasforma en torpedo,
ya traspasa terrorífico y tremebundo
el tragaluz de la trasalcoba,
ya se trepa sobre el tálamo,
ya trucida el tronco de la tráquea,
el tuétano de la tibia,
¡ya el tieso tendón del tobillo..!

...y trasoñado tranquilamente tras el tamiz del tamarindo
tragándose el terminal trauma del testículo del tahúr
se tiende sobre la tibia y transida tierra de Tagore
a traducir tenebrario, a lo tigre, teúrgico,
los textos y teoremas del Talmud...

 Unamuno con Ukelele

En los ubérrimos umbrales de ultramar
donde se unifican umbilicalmente
los unigénitos del ultramundo
con el útero de la ultratumba...

...allá en las umbrías urbes undísonas
donde unánimes, a ultranza,
los hijos de Ulises se daban a la usura,
al ultraje uxoricida...

...allí, bajo el unicolor universo
y los ultravioletas de Urano,
guardando las urnas
del último nuclear uranio reducido,
uniformado a la usanza
de los ujieres urbanos,
undívago ufano ultraísta,
ubicuo y unipersonal,
se ubicaba bajo los umbráculos
de la última utopía...

Ungido por los undulantes ungüentos
de la úvula del urogallo
y de la uñosa, unísona urraca,
vivía uniformemente
del usufructo de sus uveros,
de la ubre de sus unicornios,
tañendo con urgencia
junto con la musa Urania
su más útil y usual utensilio:
su umbroso y único
ukelele universal.

 La víspera de la Virgen

Es víspera de viernes.

La virgen ha abierto su ventanal vacío
a la verdad de la vida.

Valiosa, vivaz y venturosa,
vigorosamente sale a la veranda
bajo el véspero y vidrioso
voltaje de Virgo y Venus.

Sale al viento con su largo
veraniego verdimar vestido
el de volantes violáceos,
el de los vistosos vivos,
valsando versátilmente
por el vergel que da al vado,
hacia la vera que cruza
las verjas y los vallados
entre un vapor de violetas
por los viñedos vagando.

Por el viaducto vecinal
soltándose su vedeja
ya va llegando a la villa.

Llegada a la vecindad,
frente a la vislumbre de vertical vitrina
recogiendo del viento su vedeja suelta
se voltea cual veleta
verificando de un vistazo
su vínculo con la vital vanidad.

Tras viga de ventorrillo, vedándose de la virgen,
viejos vilordos, viudos viragos,
vulgares verracos con el virus venéreo,
veleidosos villanos,
víboras y voraginosos vestiglos,
vilipendiosos vicarios del vaticano
y sus vasallos verdugos
en vilo la velan, la vigilan,
y van todos tras su víctima
con viciada vendetta de vileza
por vandalizarle el vestido
y violarle sus vergüenzas...

...del vapor de la vegetación,
de los vitrales del verde y la ventisca
sin vacilación, tomándole ventaja a los viles,
vigoroso valiente varón
aparece en veloz velocípedo
con valija, volantín y vihuela
vestido con vistoso vellocino,
vindicándola vehementemente
de las vicisitudes que le causan
tales viejos vejigantes.

Ante su verticalidad verosímil,
venialmente la virgen
su veraz voto de confianza
al vivaracho varón otorga... y él,
que es versado en el vernáculo,
con su vihuela vibrando
sus versículos le versa:

-"Con la venia y virtud
de la venusta virgen,
vengo a venerarla
con mi voluntad voluntariosa
a velar porque usted vuelva
viva y sin más vituperios
a su vallejo y vivienda
donde yacen pobres y volcadas
por los vórtices del viento
sus vides y sus violetas..."-

Es víspera de viernes.

La virgen ha abierto su ventanal vacío
a la verdad de la vida.

Ya van yéndose de la villa,
ya vienen por las verbenas,
ya suben a la veranda,
ya entran a la vivienda.

Venturosamente,
abre su valija el vástago de varón
y variedad de vermú y vinos
se ventilan ante la ventana,
y entre velas y vihuela,
entre visita y velada
con vozarrón virilista
el varón valientemente
a la virgen le declara:

-"Vencedor soy de las vides venerables,
vendedor de los más viejos vinos,
visionario viajero vihuelista,
venturero del vals en las fiestas de verbena,
vate virtual de los versos vibrantes, vertiginosos,
que a vos os invita
a caer vencida ante mi voluntad
y beber del vino que versan mis venas… "-

…y sin verbalizar,
o si quiera vocalizar una v,
y sin verificar las vértebras
o la vesícula del varón,
se entrega la virgen
al placer de la vidorra
mientras las vasculares
válvulas de sus ventrículos
vibran vigorizadas
cuando le suben el vestido…

...y la virgen vulnerable,
en visigoda vajilla
sirve su velludo virgo
al viril que la visita
con su verga de volcán,
con su vigor de vendimia,
hundiéndola victorioso
en su voluminosa y viscosa
vulva olorosa a vainilla...

...y la vira, y se vuelca a ella,
y vuelven y se vuelven volcándose en uno
hasta que en una voltereta violenta
se vierten y se vienen una y otra vez
entre vino y más vino
con variadas y versátiles
variegadas volteretas...

......

...Sobre la vastedad del vetusto valle verdecido,
vaticinando el vahído vulnerado
del ya vencido viento vernal,
vuelan velozmente los vencejos vespertinos
cual voceros y vigías
de la vanguardia del verano
que victorioso vuelve
al vestíbulo verdecido de la vega
un verdino viernes venturoso,
dando vítores y ¡Vivas! a la virgen
con su veraniego vendaval...

 Máquina del tiempo

Doble ú, o doble v, o doble ú...
¿Para qué sirve la doble v, para qué la doble ú?

¿Para volar hacia atrás en el tiempo en el avión de los hermanos Wright, para embriagarme entre vasos de whisky con Walt Whitman, Tennessee Williams, William Blake y Oscar Wilde, para celebrar con Herbert Wells la publicación de su novela *"La Máquina del Tiempo"*, o conversar con Virginia Woolf mientras observe pintar al genial James Whistler y al bohemio Andy Warhol...

...escuchar en vivo a Wagner o a Webern, llorar con los alemanes y sus diosas las Walkirias a sus grandes hombres frente al panteón de Walhalla, o mejor, arrodillarme junto a los antiguos quechuas del Tiahuanaco ante el dios andino Wiracocha, o cazar búfalos con los indios Wampanoa o con los nobles aborígenes de Wyoming, Wichita y Wisconsin...

...o enterrar los muertos de Waterloo junto al victorioso duque de Wellington, o... para seguir soportando hoy en día que mi patria siga siendo colonia de Washington, donde nos convierten en esclavos con sus billetes de a $100,000 en oro, pintarrajados con la careta del tirano presidente Wooddrow Wilson...?

¿...Para que llames a tu hijo William,
en vez de Guillermo...?

Doble ú, o doble v, o doble ú…

...más sabe el bobo y el bruto
que tú y que tú y que tú y que tú y que tú y que tú ...

Una Xilofonada por la Paz

(COMUNICADO DE PRENSA)

Ciudad México:

Invitados por un afamado artista y xilografista de la provincia de Xaragua, República Dominicana, dos grupos de por vida antagónicos, pertenecientes a la Generación X, compuestos por xenófilos y xenofóbicos, se han dado cita por primera vez en la historia para tocar juntos el xilófono.

Voceros del organizador xaragüeño indican que este histórico encuentro se llevará a cabo en los vistosos canales y chinampas de Xochimilco, donde los invitados abordarán las famosas y coloridas góndolas para tocar el dichoso y bendito xilófono, acompañados musicalmente por el muy aclamado e internacionalmente reconocido Mariachi de Xalapa.

Indican además que tanto invitados como el público asistente en general, tendrán que pasar obligatoriamente por una máquina de rayos X y ser cateados (como es hoy día la norma mundial) con el fin de evitar que alguien entre con explosivos, armas blancas o de fuego.

Otros corresponsales explican que ha surgido a última hora un desacuerdo, un tranque en las negociaciones por el tipo de instrumento musical que van a utilizar; si será el que usa la orquesta sinfónica construido en metal, o si el folklórico, hecho de maderas nobles ...

Esperemos que logren subsanar sus diferencias y que encuentren un punto medio en el tranque para lograr que se escuche en el mundo entero, esta xilofonada por la Paz.

¡Que Xibalbay, el dios maya de la música y Xochipilli, la diosa azteca de las Flores y el Amor así lo quieran!

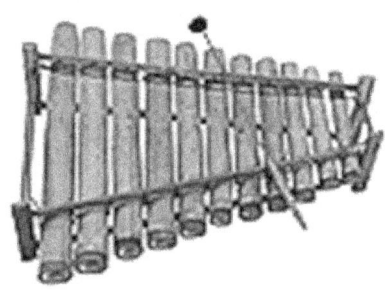

P.D.
El xilografista xaragüeño, tras lograr tal hazaña, ha sido nominado para el novel premio Malcolm X y también para el Nobel de la Paz.

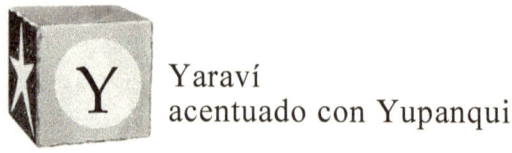

Yaraví
acentuado con Yupanqui

Canta el yaraví un Yupanqui
con yelmo de Yemayá
con yuyo acentuado en yambo
allá por Yabucoá*:

♪ (Ay que no quieren que cante,
que ya me cortan la yugular)...♪

♪ Ay que de el Yunque lluvioso
a la yodada ciudad,
con su yerro un yerbatero
a pie vende su yucá...♪

♪ (Ay que no quieren que cante,
que ya me cortan la yugular)...♪

♪ Ay que a un tal pueblo de Yauco*
se lo tragó la yedrá
junto a yagrumos del yermo
yertos bajo las yaguás...♪

♪ (Ay que no quieren que cante,
que ya me cortan la yugular)...♪

♪ Un yoghi jugando al yoyo
cabalga en mansa yeguá
comiendo yogur y yerbas
allá por Yugoslaviá...♪

♪ (Ay que no quieren que cante,
que ya me cortan la yugular)...♪

♪ Por el Yang Tse Kiang, gran río,
tras florido Ylang-Ylang,
dos chinos le ponen yugo
a yunta de mansos yacs...♪

♪ (Ay que no quieren que cante,
que ya me cortan la yugular)...♪

♪ Ayayay búscame en yate
o en yola cerca del mar,
ay que no quieren que cante,
antes que corten mi yugular...♪

*Yabucoa y *Yauco son pueblos de Puerto Rico.

Se le conoce como "El *Yunque" al pico de montaña más alto del "Bosque Lluvioso del Caribe" localizado en la isla de Puerto Rico".

 La zambra
de Zoraida Zulma

Anochece.

Entre las zarzarrosas,
zigzaguean zarpados zorros
zarandeando a zafias zarigüeyas
cuando zumban los zancudos
como zombis en el zarzal.

(Arriba, en la zona del zodiaco,
Zeus y Zoroastro zozobran en zeppelín...).

En zaguán de zahúrda
casucha de zinc y zocos,
zurce con su mano zurda
su zagalejo de zambra
zalamera zagala de ojos zarcos
llamada Zoraida Zulma.

Ya calza sus zahonadas zapatillas,
ya adorna sus orejas
con zarcillos de zafiros,
lista para zapatear sobre el zócalo
al ritmo de la zambomba
y también la zarabanda.

Entre el helado viento del zarzagán
se dirige a la zambra;
cruza a zancadas cual zahorí
el zanjón profundo, la llana zanja,
evitando dar con los zonzos, los zoquetes,
zafándose del zarrapastroso zagal zaragozano.

(Zurullos de zanahoria, zumo de zarzaparrilla
y maduras zarzamoras, dentro su zurrón lleva
para regalarle a la Zaida y también a la Zenobia…)

Ya amanece.
Sopla el viento sus zampoñas zaínas...

...y allí
donde se zambullen en el zócalo
los que celebran la zafra,
en la zambra amanecida
con Zoraida la zagala
canta ya el zorzal su zarzuela,
su zarzuela ya canta el zorzal...

Post datos naturales

Post datos naturales

Este ejercicio creativo no se hizo para provocar un conflicto estético, una polémica entre cultos u ocultos académicos o autodidactas, mucho menos para que se argumente sobre lo que debe ser o no ser un poema, o sobre qué se debe o no se debe decir en un poema, o sobre cómo se debe o no se debe hacer un poema.

No hay que rascarse la cabeza ni halarse los pelos. Sólo digo esto porque mientras daba por terminado este ejercicio, afuera gritaban amotinadas las gentes del Festival de la Palabra, los editores, los dueños de las librerías, los promotores de la Feria Nacional del Libro vociferando, empujando y preguntando:

- ¿Qué es ésto? ¿Alguien podría explicarme qué es eso de heurística literaria? ¿De qué está hablando ese tipo? ¿Por qué escribe así? ¿Será éste un ejercicio para mejorar su flojera dialéctica, un reto de fútil insania para candidatos a lo inédito? ¿O será éste un anárquico ideario de auto impuesta prisión, un ejercicio a modo de castigo cruel donde se agolpea a sí mismo, con grosso diccionario, un barbudo viejo masoquista... o quizás sea una esperpéntica iniciativa para bufa entelequia, y sólo se trate de la escritura de un sórdido y oscurantista hipertenso cuya inspiratriz es una intemperante, obtusa e hiperbólica musa cuadrada acompañada por un famélico, triste y disléxico Apolo de irremediable disfunción semántica, que no hace más que rascarse la cabeza y darle vueltas y más vueltas sin cesar, al manubrio de una medieval zanfonía..? -

- ¿Qué pretende el autor, que le demos a coro un ¡Chijí, Chijá!..? -

- ¡Antoniooo..!, ¿qué es ese revolú que se oye allá afuera?-

- No hagas caso mi corazón mío. Son sólo exabruptos de enérgicos envidiosos exagerando cual extremistas exaltados su eufórica estupidez, junto a otros changos chavando la chaveta con sus changuerías, con sus histéricos e hirvientes hocicos husmeando hoscos y hostiles mis narraciones, como necios niños nocivos naufragando nefastos entre sus nintendos junto a las necróticas náyades del neolítico... -

- ¿Quiénes tú dices?-

- Nadie, no te preocupes. Sólo son unos pocos prepotentes preguntones que prometen perjudicar con su propaganda de prejuicios mi propuesta poética...-

...*sobre el autor*

Antonio Blasini Gerena

Ponce, Puerto Rico (1957). Poeta, cantautor, compositor y artista plástico. Autor y editor independiente de los poemarios *Flautas del Maboya* (1991), *Aguinaldo y Fuga de los Reyes Magos y las Tres Marías* (1992), *Ojo de Jardín* (2008), *El Villancico de Epifanio* (2012), *El vómito desmesurado* (2013). Su obra poética aparece en la antología de autores puertorriqueños y dominicanos *Abrazos del Sur*.

Parte de su obra musical se encuentra en sus grabaciones de larga duración *Mi Raza* (1991), *Bodegón Jíbaro* (1992), *Nuestra Herencia Campesina* (1993), *Canciones de Arte* (2003), *El Cantar de la Sangre Libre* (2011). Ha colaborado en la musicalización de varios documentales y obras de teatro clásico, infantil y precolombino. En el año 2000 escribe *Flor y Canto, los instrumentos musicales y la música en los Asuntos del Areyto Antillano*, trabajo y tesis en etnomusicología que publica en el año 2011. También ha moderado varios programas culturales dedicados a la música en la radio puertorriqueña.

Ha expuesto su obra plástica en la República Dominicana, Cuba y E.E.U.U. y escrito críticas de arte para varias revistas y catálogos de artistas de su país. Actualmente se dedica al arte gráfico y al montaje de libros de autores independientes, validándose igualmente en todas las disciplinas artísticas que profesa.

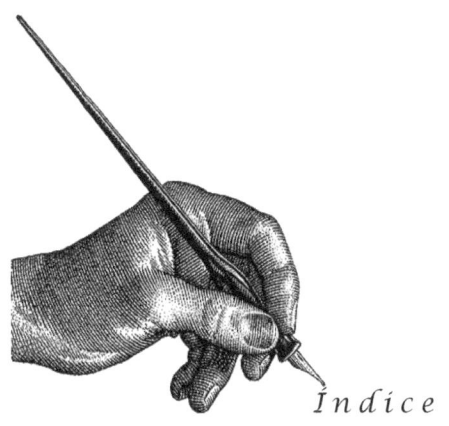

Índice

i	Proemio
ix	Veintinueve letras con veintinueve motivos para cantar
1	A: El Albatros
3	B: El Buitre
5	C: El Caimán y la Catequista
9	Ch: Chibirico
13	D: El Dragón (diario drama de un depredador doméstico)
19	E: La elegancia de la Escorpiona
23	F: La fiesta del Fénix
27	G: Gusano con guitarras
29	H: 1ra Adivinanza (la Hiena)
31	I: Isis, el Ibis y los Imbéciles
36	J: 2da Adivinanza (el Jilguero)
37	K: Preguntas y respuestas vagas (II Guerra Mundial)
41	L: La Luciérnaga
43	Ll: Paisaje con Llama

M: La Mosca	45
N: Paisaje con Ninfas	47
Ñ: De habladurías y ñoñerías	49
O: La Oropéndola, el Obispo y la Oveja	51
P: ...de Poetas pasionarios y prosélitos Periodistas	54
Q: Queja quíntuple para quien la quiera	61
R: Retablo del réprobo rabelista	63
S: El Sapo y el Sátiro (Un viejo Cuento Modernista)	65
T: Tema para Tigres	69
U: Unamuno con Ukelele	71
V: La víspera de la Virgen	73
W: Máquina del tiempo	79
X: una Xilofonada por la Paz (comunicado de prensa)	81
Y: Yaraví acentuado con Yupanqui	83
Z: La zambra de Zoraida Zulma	85
Post datos naturales	88
Sobre el autor	94

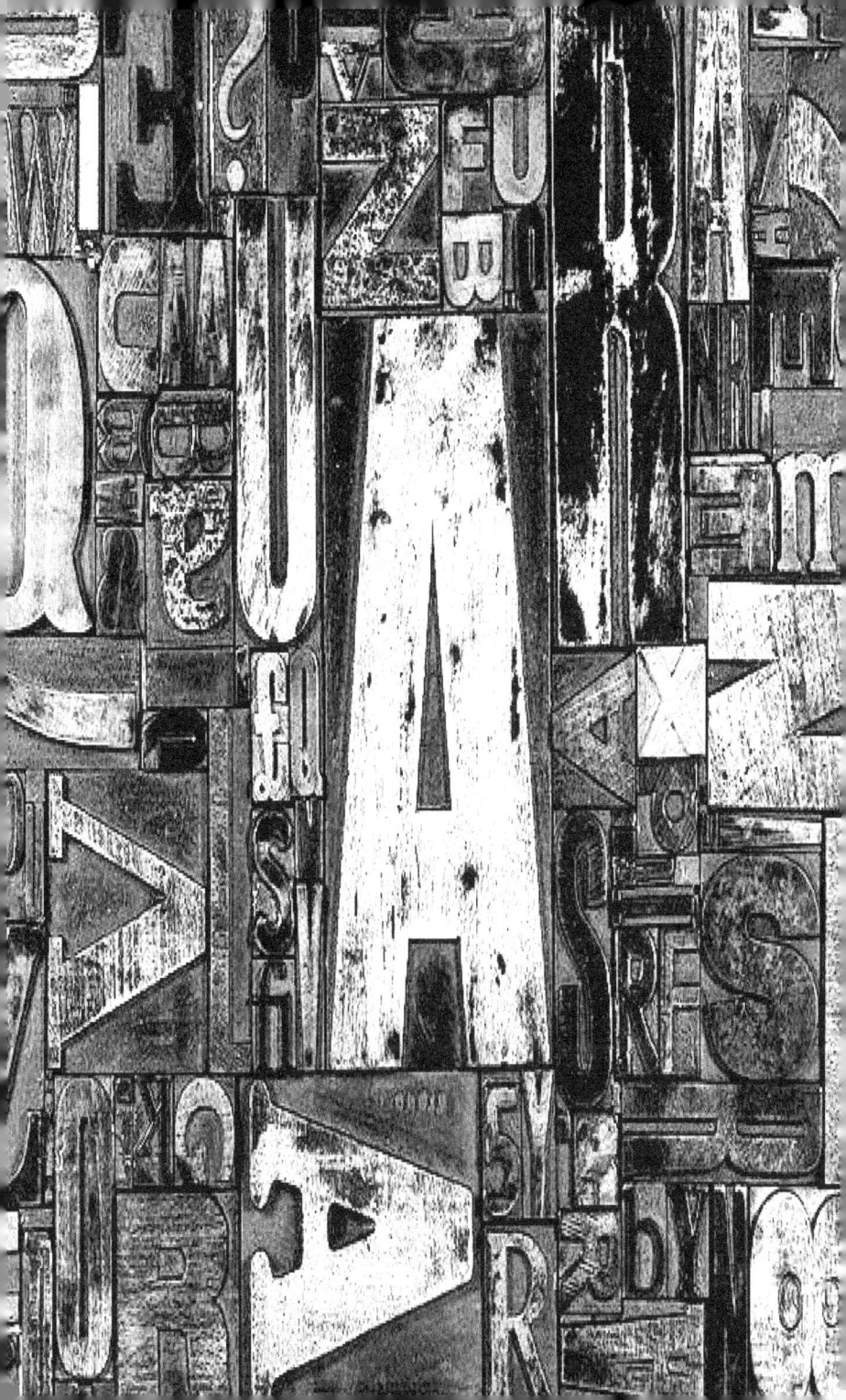

www.ingramcontent.com/pod-product-compliance
Lightning Source LLC
Chambersburg PA
CBHW031154160426
43193CB00008B/363